사람과 지구를 되살리는 교통수단 이야기

자율 주행차가 교통 문제를 해결한다면?

글 에린 실버 | 옮김 현혜진

초록개구리

더불어 사는 지구는 우리가 세계 여러 나라 사람들과 함께 이 지구에서 더불어 잘 살기 위해 생각해 보아야 할 환경과 생태, 그리고 평화 등의 주제를 다루는 시리즈입니다.

Rush Hour: Navigating Our Global Traffic Jam
Text copyright © Erin Silver 2022
Published by arrangement with Orca Book Publishers, Victoria, Canada, through Orange Agency
Korean translation copyright © Green Frog Publishing 2022
All rights reserved. No part of this publication may be reproduced, stored in a retrieval system, or transmitted in any form or by any means, electronic, mechanical, photocopying, sound recording or otherwise without the prior written permission of Green Frog Publishing Co.

이 책의 한국어판 저작권은 오렌지에이전시를 통해 저작권사와 독점 계약한 초록개구리에 있습니다. 저작권법에 의해 한국 내에서 보호를 받는 저작물이므로 무단 전재와 복제를 금합니다.

▶ 해가 진 뒤에도 끊임없이 오가는 차량들로 대낮같이 환한 중국 상하이 풍경. 교통은 세계 곳곳의 도시에서 큰 문젯거리다.

 차례

들어가는 말 | 차량을 줄여야 숨통이 트인다 • 6

1장 자동차 발명, 놀라운 일일까 해로운 일일까?

옛날 옛적에 배가 있었다 • 10
말이나 마차를 타거나, 걸어가거나 • 10
부릉부릉! 자동차가 나타났다 • 12
뒤죽박죽 도로 • 14
초록불에는 가요 • 15
달릴 수가 없는 러시아워 • 16
꽉 막힌 길 위에서 • 18
켁, 매연에 숨이 막혀요 • 19

2장 자동차, 세상 모든 길을 차지하다

멈출 땐 엔진을 꺼요 • 24
교통 흐름이 원활해지는 방법 • 25
교통 문제를 해결하는 똑똑한 도시 • 25
차를 집에 두고 가는 날 • 28
러시아워에 운전하려면 돈을 더 내요 • 28
공해 차량은 들어올 수 없어요 • 29
한 번에 한 대만 • 31 | 차를 같이 써요! • 32
함께 타고 가요! • 33 | 자전거도 빌려 볼까? • 34
20분 동네 • 35 | 차 없는 거리 • 37
차 없는 동네 • 38 | 차 없는 도시 • 39

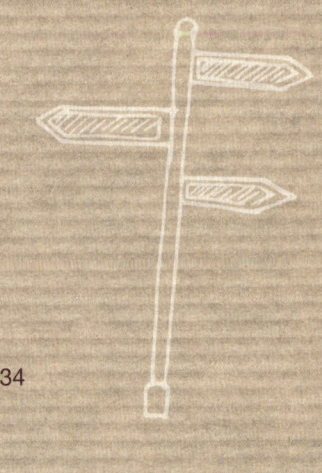

3장 새로운 기술이 교통 문제를 해결할까?

스스로 운전하는 차 • 42
자율 주행차가 풀어야 할 숙제 • 42
말하는 차 • 45
자가용보다 편한 대중교통 • 45
무공해 전기 버스 • 46
바람처럼 빠르게 달리는 전기 차 • 47
서울에서 부산까지 20분! • 50
차가 사라졌다 • 52

4장 어린이, 교통 문제 해결에 앞장서다

공회전 차에는 가짜 주차 위반 딱지를! • 56
연구 보조원이 되자 • 57
등굣길을 안전하게 만들자 • 58
보행자 길을 넓히자 • 59
걸어서 등교하자 • 61
특별한 행사를 열자 • 63
자전거를 타고 등교하자 • 64
대중교통이나 카풀을 이용하자 • 65

글을 마치며 • 66
사진 저작권 목록 • 68

들어가는 말

차량을 줄여야 숨통이 트인다

내 시선이 닿는 저 끝까지 자동차 불빛이 이어져 있다. 차량 속 운전자들이 브레이크를 밟을 때마다 불빛은 깜박인다. 나도 고속도로 위에서 멈췄다가, 느릿느릿 기어가다가를 되풀이한다. 뒷자리에 앉은 아들이 가만히 있지 못하고 꼼지락댄다.
"엄마, 이러다 늦겠어요. 더 빨리 갈 수 없어요?"
나는 내비게이션 화면을 힐끔 곁눈질한다. 이 속도로는 야구 연습 시작 시간에 맞춰 도착할 수 없다. 뾰족한 방법이 없다. 교통이 혼잡한 시간에, 그것도 이 나라에서 가장 넓고 복잡한 고속도로에 갇혀 버렸다.

"제시간에 가긴 글렀네."
한숨이 절로 나온다. 승용차, 승합차, 트럭, 버스 들로 사방이 꽉 막힌 상태다. 게다가 우리 차는 기다란 오렌지색 스쿨버스 뒤에 있다. 버스가 우리 차 앞 유리창으로 시커먼 매연을 뿜어낸다.
"저 버스 진짜 싫어."
연기가 차를 에워싸자, 아들이 투덜댄다. 버스와 그 옆의 트럭, 털털거리는 저 앞쪽 낡은 자동차에서 뿜어내는 매연이 눈에 보일 정도인데, 하물며 눈에 보이지 않는

▲ 해 질 녘, 차량으로 가득 찬 캐나다 토론토의 고속도로.

오염 물질은 얼마나 많을까? 이처럼 시동을 켠 채로 서 있는 차량들은 우리 건강에 어떤 나쁜 영향을 끼치고 있을까?
우리는 가까스로 야구 연습장에 도착했다. 물론 늦었지만, 아들이 방망이를 조금 휘둘러 볼 수는 있었다. 교통 혼잡을 겪으며 나는 생각했다. 오늘날 세계 곳곳의 도로를 달리고 있는 차량의 수는 무려 10억 대에 이른다. 몇몇 나라에서는 승용차와 트럭, 버스 탓에 공기가 너무 나빠져서 아이들이 바깥에서 뛰어놀 수도 없다. 또한 차량에서 배출되는 화학 물질은 지구를 병들게 한다. 교통수단, 특히 자가용은 전 세계 많은 도시에서 온실가스 배출의 주범이다.

▲ 자동차 배기관에서 나오는 오염 물질은 사람과 지구에 해롭다.

우리 모두 상황이 이렇게 된 데에 책임이 있다. 물론 이 책을 읽는 여러분은 아직 어려서 차를 몰 수 없을 것이다. 가족이 탈 차를 고르는 일에 결정권을 가질 수도 없고, 스쿨버스가 매연을 내뿜지 않도록 막을 수도 없다. 하지만 지금 우리는 이전에 겪어 본 적 없는 환경 위기를 마주하고 있다. 그러므로 다 함께 습관을 바꾸고 더 건강하게 살 수 있는 방법을 생각해 보아야 한다.
언젠가 여러분이 운전할 수 있게 되는 날에는, 지금처럼 사람들이 차를 자주 몰지 않아도 되기를 바란다. 모두 같이 열심히 노력한다면, 분명 교통 문제를 해결할 수 있을 것이다.

▲ 아이들은 차를 몰 수 없지만, 어른들이 교통 문제를 바르게 풀어 나가도록 도울 수는 있다.

1장
자동차 발명, 놀라운 일일까 해로운 일일까?

미래에 어떤 탈것들이 나타날지 생각하는 건 재미있다. 어쩌면 하늘에 차가 날아다니고, 공중에서 신호등이 깜박일 수도 있다. 그러다 보면 하늘에서도 차가 막힐지 모른다. 경찰 드론이 날아와, 속도위반 딱지를 뗄 수도 있다. 미래의 탈것을 이야기하기 전에, 먼저 교통이 어떻게 발전해 왔는지부터 자세히 살펴보자.

옛날 옛적에 배가 있었다

사람들이 늘 차를 타고 다닌 건 아니다. 수천 년 동안, 북아메리카 원주민들은 여름에는 '카누'라는 작은 배를 타고 강이나 호수를 누볐고, 겨울에는 꽁꽁 얼어붙은 물길을 따라 걸었다. 16세기와 17세기에 유럽에서 북아메리카 대륙으로 건너온 사람들 또한 원주민들과 같은 방법으로 이동했다. 그들은 음식과 가죽, 향신료, 금속, 나무도 똑같은 방식으로 대륙 곳곳에 실어 날랐다. 이처럼 물건을 여기저기로 옮길 수 있게 되자, 경제가 성장하기 시작했다.

▲ 요즘은 카누를 재미로 타지만, 얼마 전만 해도 이런 작은 배가 주요 이동 수단이었다.

말이나 마차를 타거나, 걸어가거나

포장이 안 된 울퉁불퉁한 길 위로 자전거를 타고 간다면 어떨까? 아마도 속이 울렁거릴 것이다! 1700년대에서 1800년대까지 마을들은 대부분

▲ 자동차가 생기기 전에 사람들은 말이나 마차를 타고 이동했다.

길 상태가 좋지 않았다. 그래서 사람들은 마차보다는 말을 타거나 차라리 걸어서 이곳저곳으로 다녔다.
사람들은 마차를 직접 만들었다. 떡갈나무 몸통으로 바퀴를 만들어 마차를 완성한 다음, 말이나 황소가 끌도록 했다. 편안함이나 안전과는 거리가 먼 마차였다. 분명 안 좋은 냄새까지 풍겼을 것이다.

▲ 눈 깜박할 사이 쌩하고 지나가 버리는 스포츠카.

군인들이 전투를 위해 이동하려면, 또 무역로를 더 멀리까지 확장하려면 잘 닦인 길이 필요했다. 그래서 정부는 건설업자에게 돈을 주어, 더 좋은 도로를 만들게 했다. 이렇게 새로 닦인 도로들은 멀리멀리 뻗어 나가, 도시는 물론이고 전 대륙을 이어 주었다. 그리고 바로 이때 '말 없는 마차'가 발명되었다.

부릉부릉! 자동차가 나타났다

독일의 기술자 칼 벤츠가 사람들을 실어 나를 수 있는 강력한 엔진을 만들면서, 교통수단의 미래는 완전히 바뀌었다. 1886년에 벤츠는 세계 최초의 휘발유 자동차 '페이턴트 모터바겐'을 25대 만들어, 몇몇 부자들에게 팔았다. 그

이거 알아?

'마력'이라는 말을 들어 본 적이 있을 것이다. 이것은 동력을 측정하는 단위인데, 1마력은 말 한 마리가 1초 동안 75킬로그램의 추를 1미터 들어 올리는 힘을 말한다. 이 단위는 1700년대에 증기 기관이 발명되었을 때, 사람들이 그 힘을 말의 힘과 비교하기 위해 처음 만들어 냈다. 마력은 이제 자동차 엔진의 성능에 대해 말할 때 쓰인다. 마력이 높은 차일수록 더 빨리 달린다. 1920년에 미국 포드사가 만든 티 로드스터 같은 초기 자동차는 약 22.5마력을 냈다. 이에 비해, 오늘날 가장 빠른 차라고 일컬어지는 부가티 시론 슈퍼 스포츠카 300+는 1,600마력이나 낸다.

길 따라 차 따라

이동식 조립 라인 덕분에 자동차 생산량이 늘면서 자동차 산업에 혁명이 일어났지만, 노동자들은 불만이 많았다. 제때 쉬지도 못한 채 하루 아홉 시간을 꼬박 선 채로 똑같은 작업을 반복해야 했기 때문이다. 일을 그만두는 노동자들이 많아지자, 1914년 포드 자동차의 창립자 헨리 포드는 중대 발표를 했다. 하루 아홉 시간 노동에 2달러 34센트를 주는 대신 이제 여덟 시간 노동에 5달러를 주겠다고 말이다. 물론 일은 나아지지 않았지만, 늘어난 봉급 때문에 노동자들은 일을 계속했다.

● 자동차 부품을 조립하는 미국 포드 자동차 회사의 노동자들. 차를 모는 사람 수가 늘어나자, 차를 만드는 노동자들의 일도 늘어났다.

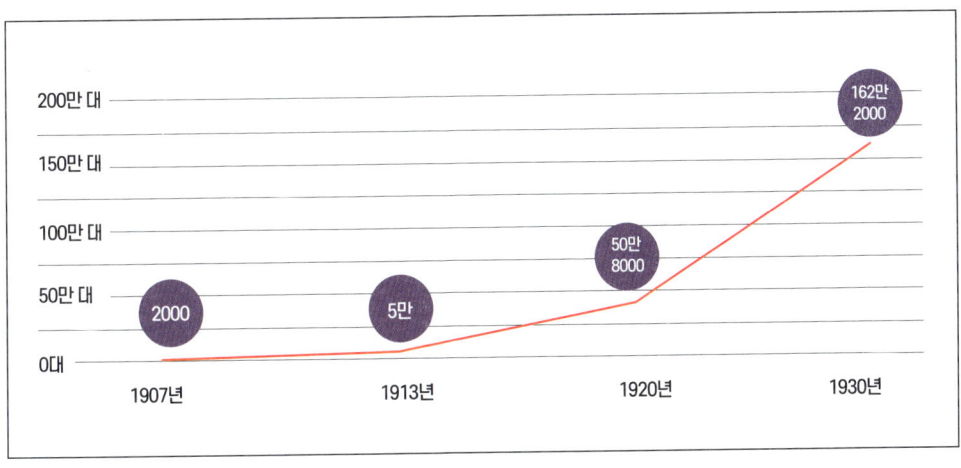

▲ 1907년부터 1930년까지 캐나다의 자동차 수 변화를 보여 주는 그래프. 1913년부터 자동차가 늘고 있는 것을 알 수 있다.

부자들은 장난감 전동차 타듯이 그저 재미로 그 자동차를 탔다. 그 자동차는 비싼 데다 믿음직스럽지도 않고, 위험하기까지 했다. 또한 당시에는 자동차 운행과 관련된 제대로 된 규칙이나 안전 규정도 없었다.

하지만 1900년대 초반부터 상황이 바뀌었다. 사람들이 차를 좀 더 싸게 만드는 방법을 고안해 내면서, 자동차 산업은 크게 성장했다. 1913년 미국 디트로이트 근처에 있는 포드 공장에서 처음으로 조립 라인을 설치해 자동차를 생산했다. 노동자들은 공장 내부를 물 흐르듯 연결하는 컨베이어 벨트 옆에서 정해진 순서대로 부품을 조립했다. 오래지 않아, 엔진 달린 차량들이 도로 위를 씽씽 달렸다. 말과 마차는 금세 자동차로 대체되었다. 캐나다의 자동차 판매량은 20년 만에 무려 800배나 증가했다.

뒤죽박죽 도로

한번 상상해 보자. 학교의 모든 아이들이 체육관에 모여서 동시에 서로 다른 운동을 하는 모습을 말이다. 저학년이 훌라후프를 돌리는데, 옆에서 고학년은 농구를 하고 있다. 어떤 아이들은 하키를 하고, 또 다른 아이들은 피구를 한다. 그런데 학생들이 공정하게 경기를 하는지, 서로 충분히 떨어져서 움직이는지 살펴보는 선생님이나 심판도 없다. 체육관은 그야말로 엉망진창일 것이다!

자동차가 처음 발명되었을 때 도로의 모습이 바로 이랬다. 도로는 말과 자동차, 전차, 상인, 아이들로 북적였다. 나라마다 교통 규칙도 제각각이었다. 미국이나 캐나다에서는 차가 길 오른쪽으로 다녔지만, 영국에서는 왼쪽으로 다녔다. 도시들은 저마다 신호등을 만들어 실험했다. 세계 최초의 신호등은 1868년에 영국에서 세워졌다. 이 신호등은 가스를 썼는데, 안타깝게도 설치한 지 얼마 지나지 않아 폭발하고 말았다.

북아메리카에서는 수십 년 동안이나 사람이 신호등을 직접 들고 서 있어야 했다. 경찰이 교차로 한복판에 서서 한쪽에는 '멈춤', 또 다른 쪽에는

▲ 1920년 무렵, 한 경찰이 캐나다 토론토의 도로 한복판에서 표지판을 들고 교통 신호를 안내하고 있다. 자동 신호등이 있기 전에는 이처럼 사람이 직접 표지판을 들고 서 있어야 했다.

'이동'이라고 적힌 표지판을 돌리면서 차량을 안내했다. 안전하지 않았지만, 당시에는 다른 방법이 없었다.

초록불에는 가요

1914년, 미국 북동부의 클리블랜드에서 새로운 방식이 나왔다. 경찰이 보도 위 높은 곳에 설치된 부스에 앉아 전기 신호등으로 교통을 통제하는 방식이었다. 그때 처음으로 운전자들은 신호등 앞에서 차를 멈췄다. 빨간불은 멈추라는 뜻이고, 초록불은 가라는 뜻이었다. 노란불은 속도를 줄이라는 뜻으로, 1919년에 미국 디트로이트에서 추가되었다.

이 방식이 곧 표준이 되었다. 사람들은 교차로에 모여 신호에 따라 차가 멈추고 가는 모습을 지켜보았다. 초기에는 도로에 문제가 생길 때를 대비해, 그리고 당황하는 사람들에게 방법을 설명하기 위해 경찰이 나와 있었다.

신호등이 자리 잡자, 다른 변화들도 생겨났다. 사람들은 길을 넓히고 보행자 도로를 만들기 위해 나무를 베고 풀밭을 없앴다. 그리고 차를 더 안전하게 운전하려면 어떻게 해야 할지

▲ 어느 자리에 앉건 안전벨트를 해야 한다. 미국에서는 1968년부터 새 차에 안전벨트를 반드시 설치해야 했다. 캐나다에서는 1976년부터, 한국에서는 1978년부터 안전벨트 설치가 의무화되었다.

이야기 나누었다. 과연 어떤 안전 장치들이 논의되었을까? 바로 경적과 두 개의 헤드라이트였다. 안전벨트는 1959년 이후에야 발명되었다.

이밖에도 교통을 통제하기 위한 많은 장비들이 개발되었다. 캐나다 토론토는 1963년에 세계 최초로 전산화된 신호 관리 시스템을 갖추었다. 오늘날에는 모든 신호등이 최첨단 기술 통제 센터에서 관리된다. 컴퓨터는 교통량을 파악하고 교통 흐름을 확인한다. 과학 기술 덕분에, 교통이 여러모로 발전했지만 변함없는 것이 하나 있다. 신호등이 고장 날 경우를 대비해, 경찰이 늘 살피러 다닌다는 것이다.

달릴 수가 없는 러시아워

'러시아워'나 '교통 정체' 같은 말을 들어 본 적 있을 것이다. '러시아워'는 출퇴근이나 통학 따위로 도로에 한꺼번에 많은 차량이 몰리는 때를, '정체'는 사방으로 교통이 꽉 막힌 것을 말한다. 둘 다 결국, 한 곳에서 다른 곳으로 가는 데 오랜 시간이 걸릴 수 있다는 뜻이다. 정말 속 터지는 상황이다!

교통 체증은 어떻게 일어날까? 많은 사람이 한꺼번에 한 출입문으로 나가려고 한다고 상상해 보자. 두 명이 지나갈 때는 문이 충분히 커 보인다. 하지만 10명, 100명 혹은 1,000명이 동시에 나가려고 할 때는 문이 갑자기 비좁아진다. 이번에는 어떤 사람이 다른 사람과 부딪쳐서 둘 다 넘어져 출입문을 막고 있는 경우를 떠

▲ 꽉 막힌 중국 상하이의 한 도로. 세계 곳곳의 도시에서 이러한 교통 체증이 벌어진다.

올려 보자. 출입문으로 나가려는 사람들이 모두 옴짝달싹 못 하게 될 것이다. 줄은 점점 길어지고, 뒤에 있는 사람들은 출입문이 완전히 뚫리고도 한참 더 기다려야 움직일 수 있다. 1970년대 무렵, 세계 곳곳의 도시에서 이런 일이 일어나기 시작했다.

러시아워에 돌아다니고 싶은 사람은 아무도 없을 것이다. 사실 '러시아워'는 좀 이상한 말이다. '러시(rush)'는 빠르게 달린다는 뜻인데, 과연 '러시아워(rush hour)'에 빨리 달릴 수 있을까? 캐나다의 토론토, 미국의 로스앤젤레스와 뉴욕, 영국의 런던 같은 도시에서는 아침 6시부터 9시까지, 그리고 오후 3시부터 7시까지가 러시아워다. 하지만 인도의 델리와 뭄바이, 방글라데시의 다카, 우간다의 캄팔라

이거 알아?

역사상 최악의 교통 체증은 2010년 8월 13일에 일어났다. 중국 베이징과 티베트를 잇는 고속도로 110번 국도가 꽉 막혀 버린 것이다.
이 도로는 이미 처리할 수 있는 교통량의 60퍼센트를 넘어선 상태였다. 도로 공사와 교통사고 때문에, 차량 수천 대가 100킬로미터 이상 길게 꼬리를 물고 서 있었다. 운전자들은 5일 동안 도로 위에서 꼼짝도 할 수 없었다. 꼬박 열흘이 지나서야 길이 완전히 뚫렸다.

같은 도시는 온종일 끝나지 않는 교통지옥에 시달린다. 인력거와 사람을 잔뜩 태운 버스, 오토바이에 소들까지 도로를 가득 메우고 있기 때문이다.

꽉 막힌 길 위에서

세계의 몇몇 도시는 그야말로 교통지옥이다. 최근에 미국의 교통 분석 업체 '인릭스'는 교통 정체로 사람들이 1년에 얼마나 많은 시간을 낭비하는지 조사했다. 그 결과는 아래와 같다.

1. 콜롬비아 보고타, 연간 191시간
2. 브라질 리우데자네이루, 연간 190시간
3. 이탈리아 로마, 연간 166시간
4. 프랑스 파리, 연간 165시간
5. 멕시코 멕시코시티, 연간 158시간
6. 튀르키예 이스탄불, 연간 153시간
7. 브라질 상파울루, 연간 152시간
8. 영국 런던, 연간 149시간
9. 미국 보스턴, 연간 149시간
10. 미국 시카고, 연간 145시간

▲ 브라질 리우데자네이루 시내의 러시아워 모습. 출퇴근하는 사람들은 꽉 막힌 도로 위에서 많은 시간을 낭비한다.

▲ 중국 베이징에 사는 한 아이가 오염된 공기로부터 폐를 보호하기 위해 마스크를 썼다. 세계의 몇몇 도시에서는 공기가 너무 오염되어서 외출할 때마다 마스크를 써야 한다.

켁, 매연에 숨이 막혀요

오늘날 세계 곳곳에서는 10억 대가 넘는 차량이 도로를 달리고 있다. 이 차들을 전부 한 줄로 세우면, 지구를 150바퀴 돌고도 남을 정도다. 2050년쯤이면 차량 수는 지금의 두 배인 20억 대로 불어날 것이다. 승용차, 스포츠 활동에 알맞은 에스유브이 차량, 버스 같은 승합차, 트럭, 배, 비행기 등 교통수단 대부분은 휘발유 같은 액체 화석 연료를 사용한다. 엔진이 휘발유를 태우면 차량이 움직인다. 이때 공기 중으로 화학 물질이 뿜어져 나오는데, 이것이 인간과 지구 환경에 해를 끼친다.

▲ 스모그로 뿌예진 인도 콜카타. 스모그는 대기 속의 먼지나 매연 입자가 수증기와 엉겨 붙어 안개처럼 되는 현상이다.

기술이 발달하면서 자동차와 휘발유는 점점 깨끗해졌다. 물론 자동차가 지구 환경을 오염시키는 단 하나의 원인은 아니다. 하지만 차들이 점점 더 멀리, 더 빠르게, 더 많이 달릴수록 환경에 더 큰 해를 입힌다. 환경 오염이 심각한 키르기스스탄의 비슈케크, 방글라데시의 다카, 중국의 선양 같은 도시에서는 공기가 너무 나빠 출근할 때 반드시 마스크를 써야 한다. 아이들은 병에 걸릴까 봐 바깥에서 놀 수가 없다.

미국과 캐나다, 몇몇 유럽 국가에서는 전체 이산화탄소 배출량의 30퍼센트가 차량에서 나온다. 그뿐 아니라 공기 중 질소 산화물

어떤 차량이 공기를 얼마나 오염시킬까?

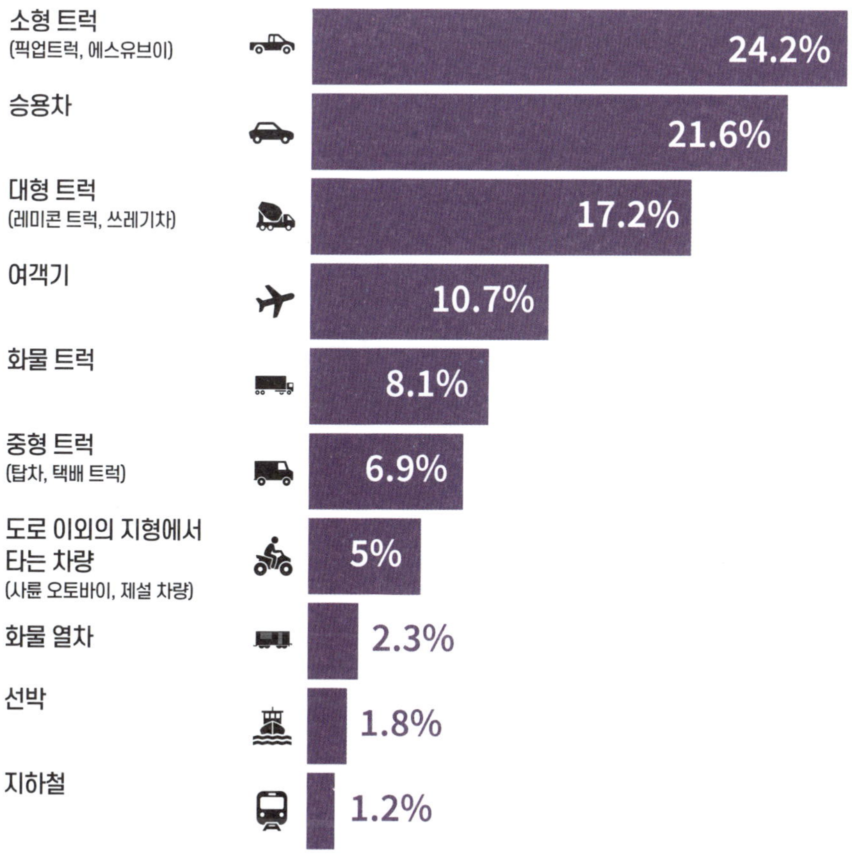

- 소형 트럭 (픽업트럭, 에스유브이): **24.2%**
- 승용차: **21.6%**
- 대형 트럭 (레미콘 트럭, 쓰레기차): **17.2%**
- 여객기: **10.7%**
- 화물 트럭: **8.1%**
- 중형 트럭 (탑차, 택배 트럭): **6.9%**
- 도로 이외의 지형에서 타는 차량 (사륜 오토바이, 제설 차량): **5%**
- 화물 열차: **2.3%**
- 선박: **1.8%**
- 지하철: **1.2%**

2018년 캐나다 천연자원부 자료

길 따라 차 따라

이 표는 다양한 차량의 이산화탄소 배출량을 보여 준다. 캐나다에서는 에스유브이 차량이 화물 트럭보다 훨씬 더 많은 이산화탄소를 내뿜는다. 환경을 해치는 온실가스를 줄이고 싶다면, 이산화탄소를 덜 배출하는 교통수단을 선택하는 것도 좋은 방법이다.

의 절반 이상이 차량 때문에 생긴다. 이산화탄소는 지구를 뜨겁게 만드는 지구 온난화의 주범이고, 질소 산화물은 사람의 폐를 병들게 한다. 다행히 아주 기발한 장치들이 만들어져서 교통 흐름이 원활해지고 도로를 달리는 차량 수도 줄어들고 있다.

2장
자동차, 세상 모든 길을 차지하다

오늘날 차는 없어서는 안 될 물건이 되어 버렸다. 사람들은 차를 타고 회사에 가고, 학교에 가고, 물건을 실어 나르며, 갖가지 문제를 해결한다. 이처럼 차는 무척 편리한 교통수단이지만, 사람과 지구에 몹시 해롭고 위험한 것이기도 하다. 이 장에서는 차량 때문에 발생하는 수많은 문제와 세계 곳곳의 사람들이 그것을 해결하는 다양한 방식을 살펴보자.

멈출 땐 엔진을 꺼요

꽉 막힌 도로 위에 있거나 주차장에서 누군가를 기다릴 때, 또 차에 탄 채로 이용할 수 있는 식당에서 주문할 때의 공통점은 무엇일까? 바로 차가 공회전 중이라는 것이다. 공회전은 기계가 헛도는 일을 가리키는 말로, 시동이 걸려 있어 연료는 계속 타는데 자동차는 서 있는 것을 말한다.

날마다 자동차 수백만 대가 공회전을 한다. 이것은 지구 환경과 인간 건강에 해롭다. 휘발유 1리터를 태울 때마다 이산화탄소 약 2.3킬로그램이 나온다. 차가 오래 달릴수록 더 많은 이산화탄소가 배출된다. 그러므로 지구를 보호하고 싶다면, 차가 1분 이상 멈춰야 할 때는 엔진을 끄자. 어차피 아무 데도 못 가는 거라면 엔진을 켜 놓을 필요가 없다.

▲ 학생들이 주로 이용하는 승하차 구역에 설치된 공회전 금지 표지판.

▲ 미국 애리조나주 스코츠데일에 있는 최첨단 교통 통제 센터. 도시 곳곳에 설치된 수많은 카메라가 교통 상황을 빈틈없이 보여 준다.

교통 흐름이 원활해지는 방법

수많은 전문가들이 교통 문제와 씨름하며 온갖 수를 다 사용한다. 어떤 전문가는 교통 흐름을 매끄럽게 만들어 차량이 도로에 서 있는 시간을 줄이는 데 초점을 맞춘다. 그런가 하면 또 다른 전문가는 사람들이 아예 운전대를 잡지 않게 하는 방법을 찾는다. 만약 여러분이 교통 문제를 해결해야 하는 사람이라면, 어떤 방법이 더 좋을 것 같은가?

교통 문제를 해결하는 똑똑한 도시

세계 여러 도시에는 최첨단 교통 통제 센터가 있다. 이곳에서는 신호등과 적외선 카메라, 고속도로 표지판까지 교통에 관련된 모

교통 공학자에게 묻는다

홍훠 박사는 미국에서 운전하기 좋은 지역으로 손꼽히는 애리조나주 스코츠데일의 제일가는 교통 공학자다. 홍 박사는 300개 이상의 교통 신호 체계, 281킬로미터의 광케이블, 90개 이상의 무선 라디오, 방향과 확대·축소를 멀리서 조종할 수 있는 170개의 팬틸트줌 카메라가 설치된 지능형 교통 체계를 관리하고 있다. 갖가지 첨단 기술을 동원한 덕분에 홍 박사와 동료들은 교통 상황을 구석구석 살피고, 차들이 정체 없이 달릴 수 있도록 도울 수 있다. 이것은 무척 중요한 일이다.

Q 교통 공학자는 무슨 일을 하나요?

A 안전하고 원활한 교통 흐름을 위해 도로에 설치할 교통 통제 장비를 기획하고 설계하고 작동시킵니다. 장비에는 표지판과 노면 표시, 신호등, 가로등 같은 것이 포함되지요. 우리는 사람들이 교통수단을 좀 더 편리하게 이용할 수 있도록 연구하고, 사고가 날 가능성이 높은 곳을 알아보며, 사고를 줄이기 위한 대책을 마련합니다. 또한 주차 공간과 자전거 도로, 보행자를 위한 시설도 설계합니다.

Q 이 일의 어떤 점이 마음에 드나요?

A 교통 흐름이 효율적이고 안전하게 이어지도록 기발한 방법을 찾고 만들어 가는 일이 무척 즐거워요. 우리가 한 일이 사람들의 일상에 좋은 영향을 끼친다는 사실에 뿌듯합니다.

Q 어떻게 교통 공학자가 되었나요?

A 대학에서 토목 공학과 산업 공학을 전공하다 보니 자연스럽게 교통 공학에 관심을 갖게 되었습니다.

Q 앞으로 어떤 기술이 우리에게 도움을 줄까요?

A 요즘 센서 기술이 크게 발전하고 있어요. 이런 기술 덕분에 더 정확하고 세밀한 자료를 받을 수 있고, 그러면 교통 상황도 나아지겠지요. 또한 인터넷에 연결해 다양한 서비스를 이용할 수 있는 '커넥티드 카'와 '스마트 카'가 개발되면, 사람들이 훨씬 더 안전하게 운전할 수 있을 것입니다. 더 많은 사람들이 재택근무를 할 수 있도록 돕는 기술도 교통 혼잡을 줄이는 데 도움이 될 거예요.

든 것을 관리한다. 이런 방식을 '지능형 교통 체계'라고 한다. 이런 것들은 오늘날 많은 나라가 추진하고 있는 '스마트 시티'라고 불리는 것의 일부다. 스마트 시티는 센서, 전자 정보, 카메라 같은 첨단 기술을 이용해 사람들이 좀 더 안전하고, 편리하고, 환경을 덜 해치면서 살 수 있도록 하는 '똑똑한 도시'를 뜻한다.

이런 도시에서는 루프 감지기, 영상 감지 카메라, 전파 센서, 열 감지 카메라 등 다양한 방법으로 교통 상황을 살핀다. 루프 감지기는 주로 도로 바닥에 설치되어, 그 위를 지나는 차들의 흐름을 알아차린다. 신호등 위 높은 곳에도 다양한 센서와 카메라가 설치되어 있다. 차량이 늘면 센서가 빨간불을 녹색불로 바꿔 교통 흐름을 매끄럽게 해 주기도 한다.

교통 공학자는 이런 장치들을 살피면서, 보이지 않는 곳에서 일하고 있다. 이들은 도로에서 사고가 일어나면 신호등을 통제하여 이를 운전자들에게 알린다. 또 도움을 줄 경찰이나 구급차를 보내고, 사고당한 차량을 도로 옆 갓길로 옮기도록 견인차에 무전을 보내기도 한다. 몇몇 도시에서는 운전자들에게 교통 상황뿐 아니라, 정체가 심하거나 사고가 난 곳을 피해 갈 수 있는 길도 그때그때 알려 준다. 이처럼 도시가 똑똑해질수록 교통 흐름이 원활해져서 버스나 자동차는 목적지에 빠르게 갈 수 있고, 차량 운행 시간도 짧아지니 오염 물질도 덜 내뿜게 된다.

이거 알아?

미국의 금융 정보 제공 업체인 '월렛허브'는 해마다 미국에서 인구가 가장 많은 100개 도시를 조사하여 운전자에게 가장 좋은, 또는 가장 나쁜 조건을 갖춘 도시가 어디인지를 알아본다. 최근 조사에 따르면, 네브래스카주의 링컨, 노스캐롤라이나주의 롤리가 운전하기에 가장 좋은 도시로 밝혀졌다. 반면에 캘리포니아주의 샌프란시스코와 오클랜드, 펜실베이니아주의 필라델피아는 가장 나쁜 도시로 꼽혔다.

▼ 멕시코 수도인 멕시코시티 시내의 중심 도로 모습. 차량이 줄을 지어 가다 서다를 반복하고 있다.

차를 집에 두고 가는 날

1992년, 유엔은 세계에서 가장 오염된 도시로 멕시코의 수도인 멕시코시티를 꼽았다. 멕시코 정부는 대기 오염을 줄일 방법을 찾아야 했다. 그렇게 해서 찾은 방법 중 하나가 요일별 차량 운행 제한 프로그램으로, 차량 번호판 끝자리에 따라 특정 요일에는 운전을 하지 못하도록 하는 것이다.

멕시코시티의 공기는 이제 전보다 훨씬 나아졌다. 하지만 차량 운행 제한 프로그램 때문만은 아니다. 대중교통도 개선하고, 자전거 공유 프로그램도 늘리고, 해로운 오염 물질을 내뿜는 디젤 자동차도 없앤 덕분이다. 브라질의 상파울루, 에콰도르의 키토, 아르헨티나의 부에노스아이레스 같은 도시에서도 이와 비슷한 차량 운행 제한을 실시하고 있다. 전문가들은 다양한 정책을 통해 사람들이 차를 이용하는 습관을 바꿈으로써 대기 오염과 교통 정체가 줄어들기를 기대한다.

러시아워에 운전하려면 돈을 더 내요

영국 런던과 스웨덴 스톡홀름에서는 차들이 몰리는 때에 도시로 들어오는 차량에 교통 혼잡세를 물린다. 덕분에 교통량과 대기 오염도 줄고, 사람들도 되도록 대중교통을 이용하고, 도로가 한산한 시간에 차를 몰고 나온다. 혼잡세가 처음 생겼을 때에는 많은 사람들이 불만을 가졌지만, 지금은 대다수가 지지한다. 효과가 확실하기 때문이다.

▲ 도심으로 들어오는 차량에 통행세를 물리자, 차량으로 몸살을 앓는 도심의 교통량이 실제로 줄었다.

몇몇 연구자들은 스톡홀름 시내에 사는 어린이의 천식 발작과 대기 오염에 대해 연구했다. 2007년 혼잡세 제도를 시작하기 전과 후의 자료를 비교해 보았다. 그 결과, 혼잡세 덕분에 자동차로 인한 대기 오염이 15~20퍼센트나 줄어들었고 심각한 천식 발작으로 입원한 어린이 수도 50퍼센트나 감소했다는 걸 알 수 있었다. 요즘 많은 나라와 도시에서 대기 오염과 교통량을 줄이기 위해 혼잡세를 물리려고 한다.

공해 차량은 들어올 수 없어요

세계 여러 나라에서는 대기 오염 물질을 뿜어내는 차량이 어느 지역에 들어오지 못하도록 막는 '공해 차량 운행 제한' 제도를 두고 있다. 이 제도에 따라 제한된 지역에는 대체 연료 차량이나 전기와 휘발유 모두를 이용하는 하이브리드 차량, 무공해 차량만 들어올 수 있다. 이 기준에 맞지 않는 차를 몰고 들어온 운전자는 요금이나 벌금을 내야 한다.

특히 영국 런던은 이 제도와 관련해서 엄격한 새 법령을 만들었다. 새 법령에 따르면, 이 제도를 어기는 사람은 500파운드(우리 돈으로 약 80만 원)나 되는 벌금을 내야 한다. 이렇게까지 하는 이유는 대기 오염을 줄이고, 사람들에게 걷기와 자전거 타기, 대중교통과 전기 차 이용을 권장하기 위해서다. 공해 차량의 운행이 금지된 지역은 질소 산화물이 84퍼센트나 줄어들어 공기의 질도 좋아지고, 아이들도 더욱 건강해질 것이다. 이 제도는 현재 독일, 벨기에, 덴마크, 그리스, 네덜란드를 포함한 여러 유럽 나라와 일본, 한국, 싱가포르, 중국에서도 시행되고 있다. 이것이야말로 도시와 마을의 공기를 좋게 만드는 가장 좋은 방법이라는 게 수많은 전문가들의 주장이다.

2019년에 영국은 런던 도심의 대기 오염을 해결하기 위해 더 강력한 '초저배출 구역' 제도를 시행했다. 이 제도는 엄격한 배기가스 배출 기준을 마련하여, 이 기준에 미치지 못하는

▲ 휘발유 차량이 못 들어오도록 막는 표지판. 이런 방법이 공기를 깨끗하게 만든다.

차는 들어올 수 없는 구역을 정한 것이다. 이 제도가 영국의 다른 지역에서도 시행되자, 대기 오염 물질이 전에 비해 다섯 배나 빠르게 줄어들었다.

한 번에 한 대만

고속 도로에서 차가 안 막히도록 만드는 여러 방법이 있다. 미국에서는 고속 도로에 '램프 미터'라는 신호등을 설치해, 차가 한 번에 한 대만 지나가게 한다.

또한 세계 많은 나라에서 고속도로가 붐빌 때 '갓길 차로'를 열어서 도로를 넓힌다. 갓길은 도로에서 자동차가 달리는 도로 폭 밖의 가장자리 길로, 위급한 차량이 지나가거나 고장 난 차량을 임시로 세워 놓기 위한 길이다.

'가변 속도 제한 표시기'도 있다. 차량이 많거나 날씨가 좋지 않을 때 고속도로 일부 구간의 제한 속도를 낮추는 전자 표시 장치다. 모두 교통 혼잡과 사고를 줄이는 방법이다.

▲ 뉴질랜드 오클랜드에 있는 신호등. 세계 여러 나라의 고속도로 진입로에는 이와 같이 한 번에 한 대만 들어서도록 돕는 신호등이 세워져 있다.

▲ 차량 공유 회사의 차 위치를 알려 주는 주차장 표지판. 차량 공유야말로 교통량을 줄이는 아주 좋은 방법이다.

차를 같이 써요!

영국 주차 협회에 따르면, 영국 운전자들은 1년에 나흘 정도를 주차장을 찾느라 허비한다. 그리고 알맞은 장소를 찾으면, 차를 그곳에 거의 온종일 세워 둔다. 보통 차들은 90퍼센트 이상의 시간을 주차장에서 보내고, 이동할 때도 한 사람만 태운다.

'우버' 같은 차량 공유 서비스를 이용하면 도로에 나와 있는 차량 수를 줄이고, 주차장을 찾을 필요가 없고, 다른 교통수단의 사용을 늘린다. 차량 공유 회사 '블라블라카'는 160만 톤 이상의 이산화탄소 배출을 막아 주었다. 프랑스에서 시작된 이 회사는 운전자가 여행 계획을 세우고, 다른 사람에게 차량의 빈자리를 판매할 수 있도록 만들었다. 지금은 에스파냐, 세르비아, 러시아, 루마니아를 비롯한 22개 나라로 사업을 넓혔다.

몇몇 차량 공유 회사는 전기 차 공유를 전문으로 하는데, 이는 오염 물질을 전혀 내뿜지 않는다는 뜻이다. 이런 차량 공유 회사를 더 많은 사람들이 이용해서 더 이상 필요 없어진 주차장 자리가 전부 공원이나 운동장, 자전거 도로로 바뀐다면 얼마나 좋을까!

▲ 카풀은 환경에 이롭고, 친구와 함께할 수 있어 재미도 있다!

길 따라 차 따라

1992년, 미국의 스포츠 용품 제조 회사 나이키가 오리건주의 작은 도시 비버턴으로 본사를 옮기자, 직원 98퍼센트가 나 홀로 차량으로 출근했다. 나이키 경영진은 그런 상황을 바꾸고 싶었다. 직원들이 출근하는 동안 스트레스도 덜 받고 더 건강해졌으면 했다. 그러면서 환경 보호에도 이바지하고 싶었다.

그래서 직원들이 카풀을 하거나 자전거를 타거나 대중교통을 이용하면, 포상금을 주어 격려했다. 또한 카풀을 하면 좋을 만한 사람들을 서로 이어 주고, 카풀하는 차에게 더 편한 주차 자리를 제공했다. 대중교통 무료 탑승권도 나눠 주고, 지하철역에서 회사까지 통근 버스도 운행했다. 직원들이 낮 동안 무료로 자전거를 타고 다니도록 하는 자전거 공유 프로그램도 만들었다. 어린이집, 세탁소, 식료품점, 미용실, 피트니스 센터 같은 서비스 공간도 제공해서 낮 동안 차를 타고 다닐 필요가 없게 했다.

이런 노력은 빛을 보았다. 여러 제도를 실행한 지 몇 년도 안 되어 나 홀로 차량 수가 26퍼센트나 줄었다. 그리고 나이키는 미국 환경보호국이 뽑은 통근자에게 가장 인기 있는 직장으로 기록되었다.

◐ 나이키 직원들이 무료로 이용하는 공유 자전거. 나이키 경영진은 직원들이 건강에 좋은 출근 방법을 찾도록 애쓴다.

함께 타고 가요!

가는 방향이 같은 사람끼리 한 차를 타고 이동하는 '카풀'은 차량을 공유하고 교통량을 줄이는 또 다른 방법이다. '다인승 전용 차로'는 차량의 승차 인원을 최대한 활용한 차량만 다닐 수 있는 도로다. 이 도로는 수십 년 전부터 미국과 캐나다에서 사용되어 왔고, 지금은 세계 여러 나라로 퍼져 나갔다. 이 도로를 이용하면, 카풀 차량은 운전자 혼자만 탄 '나 홀로 차량'보다 더 빨리 출근할 수 있다. '카풀'이야말로 교통 혼잡과 대기 오염을 줄이는 가

🔴 이 자전거는 크리스마스트리를 싣고 집으로 갈 때 특히 유용하다.

 ## 길 따라 차 따라

'덴마크' 하면 떠오르는 것이 많다. 먼저 전통 빵 대니시 페이스트리, 바이킹, 레고 발명국, 세계에서 국민이 가장 행복한 나라 등등. 하지만 이밖에도 덴마크에는 특별한 점이 많다. 덴마크 사람들은 자전거를 타고 멀리 나가는 것과 어려운 목표를 세우고 도전하는 일을 좋아하기로도 유명하다.

이들은 2025년까지 수도 코펜하겐을 세계 최초의 탄소 중립 도시로 만들기로 정하고, 그 목표를 이루기 위해 열심히 노력하고 있다. '탄소 중립 도시'란 개인이나 회사가 배출한 이산화탄소를 다시 흡수해 실질 배출량을 '0'으로 만드는 도시를 뜻한다.

- 코펜하겐에 사는 사람 중 62퍼센트가 날마다 자전거를 타고 출근이나 등교를 한다. 도시의 하루 자전거 이용자 수가 미국 전체 이용자 수보다 많다.

- 도심에는 차량 수보다 자전거 수가 다섯 배 많다. 전체 시민의 14퍼센트만 매일 차를 몬다.

- 코펜하겐의 자전거 이용자들은 날마다 120만 킬로미터를 자전거로 이동한다. '자전거 고속 도로'는 자전거 도로 폭이 무척 넓어서 안전하게 빨리 달릴 수 있고, 수많은 지역과 도심을 이어 주어 자전거 이용률을 높인다.

- 도로 곳곳에 있는 쓰레기통은 비스듬히 기울어져 있다. 그래야 자전거 이용자들이 쓰레기를 쉽게 던져 넣을 수 있기 때문이다. 심지어 신호가 바뀌기를 기다리는 동안 한쪽 발을 올릴 수 있는 발판과, 손을 짚고 기댈 수 있는 난간이 신호등 근처 도로 가장자리에 마련되어 있다.

장 좋은 방법이다. 직원들이 함께 차를 타고 출근하도록 권장하는 회사도 많다.

자전거도 빌려 볼까?

'굳이 자동차를 가져야 할까?' 하는 의문을 품은 사람들이 점점 많아지고 있다. 심지어 이제는 자전거도 살 필요가 없는 분위기다. 도시 이곳저곳에 놓인 자전거를 필요하면 빌려 탔다가 도로 갖다 두면 된다. 자전거 공유 프로그램은 전 세계적으로 인기가 많다. 한 통계에 따르면, 전 세계 1,200개가 넘는 도시에서 1,600개 이상의 자전거 공유 프로그램이 운영되고 있다. 그 결과 공유 자전거는 1,800만 대가 넘는다. 중국 항저우는 세계에서 가장 많은 자전거 공유 프로그램을 운영한다. 최근 집계에 따르면, 공유 자전거가 8만 6,000대에 이르고,

하루 이용자가 무려 47만 3,000여 명에 이른다. 캐나다 밴쿠버에는 자전거를 빌릴 때마다 헬멧도 같이 빌려주는 프로그램이 있다. 이스라엘 텔아비브를 비롯한 몇몇 도시에서는 전기 스쿠터도 빌려 탈 수 있다.

20분 동네

세계의 여러 도시에서는 공장과 상가 근처에 거주하는 것을 법으로 금지한다. '조닝법'이라는 토지 사용 제한법에 따른 것으로 토지를 주거용, 상업용, 산업용과 같이 용도에 따라서 나누어 배치한다. 이 법은 수십 년 전에 만들어졌다. 이 법 덕분에 사람들은 고약한 공장 오염 물질이나 식당의 음식물 쓰레기 냄새를 맡지 않고 살 수 있었다.

▲ 오스트레일리아 멜버른의 공유 자전거. 자전거 공유는 세계 곳곳에서 인기가 많다.

그러나 얼마 전부터 변화가 일어나고 있다. 많은 도시에서 조닝법을 새로 고쳐서 완벽한 공동체, 즉 '20분 동네'를 만들고 있다. 이런 곳에 사는 사람들은 집에서 조금만 걸어 나가면 필요한 걸 살 수 있고, 식당에서 맛난 음식을 즐길 수 있고, 도서관도 이용할 수 있고, 공원에서 놀거나 치과에도 갈 수 있다.

이런 20분 동네 만들기에 나선 도시 중 하나가 바로 오스트레일리아 멜버른이다. 멜버른은 오스트레일리아에서 인구가 가장 빠르게 늘어나는 곳이다. 지금도 500만 명이 넘지만, 2050년에는 850만 명으로 불어날 거라고 내다본다. 이 많은 사람이 살 수 있도록, 멜버른에서는 20분 동네 만들기를 시범적으로 운영해 보고 있다.

이런 노력이 성공을 거둔다면, 앞으로 35년 이내에 멜버른은 더 살기 좋은 곳이 될 것이다. 멜버른 시민들은 집에서 20분 거리에서 일하고 놀며 생활할 것이다. 자전거도 안심하고 타고 대중교통 수단도 많아지면서, 사람들은 전보다 꽤 만족스러운 삶을 살게 될 것이다. 솔직히 만만치 않은 계획이지만, 싱가포르 같은 다른 나라들은 멜버른의 도전이 어떤 결과를 가져올지를 주의 깊게 지켜보고 있다.

▲ 미국 포틀랜드에 사는 한 가족. 포틀랜드는 살기 좋은 도시로, 처음으로 '20분 동네'를 만드는 일에 성공했다. '20분 동네'는 걸어서 갈 수 있는 거리에 필요한 모든 것이 있는 곳이다.

멜버른은 맨 처음 어디에서 그런 아이디어를 얻었을까? 전문가들은 미국 오리건주에 있는 도시 포틀랜드에서 힌트를 얻었을 거라고 말한다. 포틀랜드는 세계 최초로 20분 동네 프로젝트를 성공시킨 도시다. 아마도 2030년이면, 포틀랜드 주민의 90퍼센트가 걷거나 자전거를 타고 원하는 곳 어디로든 갈 수 있을 것이다. 집에서 걸어서 20분 거리에 모든 것이 있기 때문이다.

차 없는 거리

전 세계 수백 개 도시에서 차 없는 도로를 만들고 있다. 미국 뉴욕 타임스 스퀘어 광장은 차 없는 곳으로, 시민들이 앉아서 편히 시간을 보낼 수 있도록 의자가 놓여 있다. 프랑스 파리 센강 주변도 차량 통행을 금지했다. 한때는 도심을 가로지르던 차가 4만 대에 이르렀지만, 지금은 차로도 사라지고 시민들이 걷거나 소풍을 즐길 수 있는 열린 공간이 되었다.

다른 많은 도시들도 비록 잠깐뿐이라도 도로를 되찾아 가고 있다. 콜롬비아의 수도 보고타에서는 시민 200만 명이 일요일마다 '시클로비아'를 즐긴다. 시클로비아는 보고타 도심 일부에 차가 못 들어오게 막고, 그곳에서 시민들이 자전거와 온갖 놀이를 즐길 수 있도록 하는 제도다.

차가 없는 넓은 길에는 걷는 사람, 자전거나 롤러블레이드, 스케이트보드를 타는 사람, 흥에 겨워 춤추는 사람

▲ 차가 아닌 사람들로 가득 찬 뉴욕 타임스 스퀘어.

▲ 인도네시아 자카르타의 차 없는 일요일 풍경.

들이 있다. 음악을 들으며 공원을 거닐고 노점상에서 파는 이런 저런 먹거리를 맛본다. 즐길 시간은 많다. 오전 7시부터 오후 2시까지 120킬로미터가 넘는 도로를 막아 차가 한 대도 들어올 수 없다. 이것이 햇살 반짝이는 보고타의 평소 일요일 모습이다!

'시클로비아'는 주민의 30퍼센트가 일요일마다 참여할 정도로 인기 만점이다. 이 행사 덕분에, 400여 개가 넘는 다른 도시에서도 '차 없는 날'을 만들었다. 에티오피아의 수도 아디스아바바에서도 '차 없는 날'을 만들어, 거리에서 안전하게 춤을 추고 스케이트보드를 타고 축구를 한다.

차 없는 동네

과연 차 없는 동네가 가능할까? 거리로 차가 들어오지 못하게 한 구역을 '슈퍼블록'이라고 한다. 에스파냐 바르셀로나에는 실제로 슈퍼블록이 있다. 그런 구역은 차가 동네 안을 가로지르지 않고 동네 가장자리로 돌아가도록 되어 있다. 모두 9개의 구역으로 되어 있으며, 자유롭게 자전거를 타거나 걸어 다닐 수 있다. 오직 응급 차량이나 택배 차량만 마을 안으

▲ 바르셀로나의 슈퍼블록 모습. 차들이 동네를 가로지르지 않고 가장자리로 돌아가면, 아이들도 안심하고 놀 수 있고 자전거나 스쿠터를 타는 사람에게도 훨씬 안전할 것이다.

로 들어갈 수 있지만, 도로도 좁고 제한 속도도 낮으며 보행자에게 먼저 지나갈 수 있는 우선권이 있다.

슈퍼블록은 2016년에 만들어졌다. 규모는 아직 작지만, 앞으로는 도시 전체로 뻗어 나갈 계획이다. 바르셀로나는 교차로에 나무를 심고 사람들이 쉴 수 있는 공간을 더 많이 만들려고 한다. 전문가들은 '슈퍼블록'이야말로 유럽 도시에 일어난 가장 큰 변화라고 입을 모은다. 아다 콜라우 바르셀로나 시장은 '대기 오염은 적고, 새로운 탈것과 사람들을 위한 공간이 있는 현재와 미래를 위한 새로운 도시'를 만들겠다고 말했다.

차 없는 도시

중국은 동네를 바꾸는 대신, 아예 처음부터 차 없는 도시를 세계

▼ 건물이 옆으로 넓게 퍼지는 대신 위로 높이 올라갈수록, 공원 같은 곳이 들어설 공간이 더 많아진다. 사진은 가상으로 설계된 도시의 모습.

▲ 핀란드 헬싱키에 있는 환승 센터의 모습. 이런 환승 센터를 잘 활용하면, 차 없는 도시도 가능하다!

최초로 계획하고 있다. 청두 외곽에 차 없는 도시 '그레이트 시티'를 세울 예정이다. 건축가들은 주민들을 다른 도시와 이어 줄 환승 센터 주변에 도시를 설계하고 있다. 이 지역 주민들은 걸어서 15분 이내에 어디든 갈 수 있다. 도시에 초고층 건물을 세워 주민이 필요로 하는 것은 뭐든 그 안에서 해결할 수 있다. 차를 탈 일이 없다. 초고층 건물 때문에 도시는 옆으로 넓게 퍼지는 대신 위로 높게 뻗고, 인구 밀도도 증가하게 될 것이다. 그렇다면 인구 밀도는 얼마나 될까? 일반 골프장보다 조금 넓은 1.3제곱킬로미터 공간에 8만여 명이나 들어갈 수 있다. 정말 놀라운 일이다.

새로운 기술과 번뜩이는 아이디어 덕분에 사람들은 지금 도시의 모습, 도시를 더 좋게 만드는 방법, 몇 년 뒤의 도시 모습을 다시 생각하고 있다. 그렇다면 날아다니는 차는 어떤가? 이제 미래의 교통에 대해 살펴보자.

3장
새로운 기술이 교통 문제를 해결할까?

오늘날 사람들은 새로운 탈것들을 끊임없이 개발하고 있다. 물론 우리가 상상하는 날개 달린 차 같은 것이 당장 눈앞에 나타날 순 없을 것이다. 하지만 말하는 차와 스스로 운전하는 차는 현재 시범 운행을 하고 있고, 비행기만큼 빠른 기차도 탈 날이 머지않았다. 이 장에서는 미래의 교통수단에 대해 알아보자!

스스로 운전하는 차

앞으로는 사람이 자동차를 운전하지 않게 될지도 모른다. 사람 대신 자동차 안에 설치된 컴퓨터가 스스로 운전하게 될 것이다. 이런 자동차를 '자율 주행차'라고 한다. 현재 자율 주행차는 안전성 검사와 도심에서 달려도 되는지에 대한 확인을 거치고 있다. 아직 많은 점이 보완되어야 하지만, 전문가들은 자율 주행 기술이 운전을 더 안전하게 하고, 사고도 줄일 거라고 내다본다. 자율 주행차는 컴퓨터를 통해 완벽한 속도로 달리고, 주위 다른 차와 알맞은 간격을 유지하도록 만들어지기 때문이다. 게다가 컴퓨터는 운전 중에 정신을 딴 데 팔거나, 깜박 졸거나, 난폭한 운전도 하지 않는다.

자율 주행차가 풀어야 할 숙제

"언제쯤 자율 주행차를 몰 수 있을지는 아무도 모릅니다. 인간보다 운전을 더 잘하고 아주 안전하다는 사실이 입증되어야 하니까요." 캐나다의 교통 기술 전문가 리나 카탄은 이렇게 말하면서,

▲ 언젠가는 운전석에서 운전대를 잡지 않고 책을 읽거나 다른 일을 할 수도 있다. 여러분이 운전 면허증을 딸 때쯤이면 운전석이 이런 모습일지도 모른다.

자율 주행차는 안전하기도 하지만 다른 장점도 가지고 있다고 한다. "주차할 필요 없이 차를 혼자 집으로 보낼 수 있어요." 하지만 그에 따른 문제도 있다. 주차비를 아끼겠다고 너무 많은 사람이 차를 집으로 돌려보냈다가는 교통량이 많아지면서 도로가 꽉 막힐 수도 있으니 말이다.

자율 주행차에는 여전히 풀지 못한 숙제가 많다. 법률가들은 자

▲ 차 뒤쪽을 보여 주는 모니터. 운전자가 주차할 때 사용할 수 있도록 차 뒷부분에 카메라를 설치했다. 현재 캐나다에서는 새 차에 반드시 이 카메라를 설치해야 한다.

율 주행차가 사고를 냈을 때 누가 책임을 져야 할지 논의하고 있다. 자동차 제조업자, 아니면 차 주인? 그도 아니면 차의 소프트웨어를 만든 회사가 책임을 져야 할까? 차 안에 설치된 컴퓨터가 고장 나거나 뭔가 잘못되었을 때, 사이버 공격의 위협을 받았을 때도 문제다.

그리고 만약 도로에 사람이 모는 자동차와 컴퓨터가 모는 자동차가 둘 다 있다면 어떤 일이 일어날까? 리나 카탄은 자율 주행차가 운전자에게 좋은 본보기가 될 거라고 말한다. "사람은 실수를 할 수 있습니다. 차선을 너무 자주 바꿔서 사고가 일어나기도 하지요. 하지만 자율 주행차는 입력된 정보에 따라서만 움직입니다. 그러니 길이 혼잡할 때 주위에 자율 주행차가 많다면 그 차들이 움직이는 대로 따라가면 됩니다. 자율 주행차는 뒤엉킨 도로에서 역할 모델이 되어 줄 거예요."

그러고는 이런 조언도 잊지 않는다. "차 성능이 크게 발달되더라도, 몸을 활발히 움직이며 사는 것이 낫습니다. 되도록 차는 집에 놔두고 대중교통을 이용하거나 걸어 다니거나 자전거를 타는 건강한 습관을 들여 보아요."

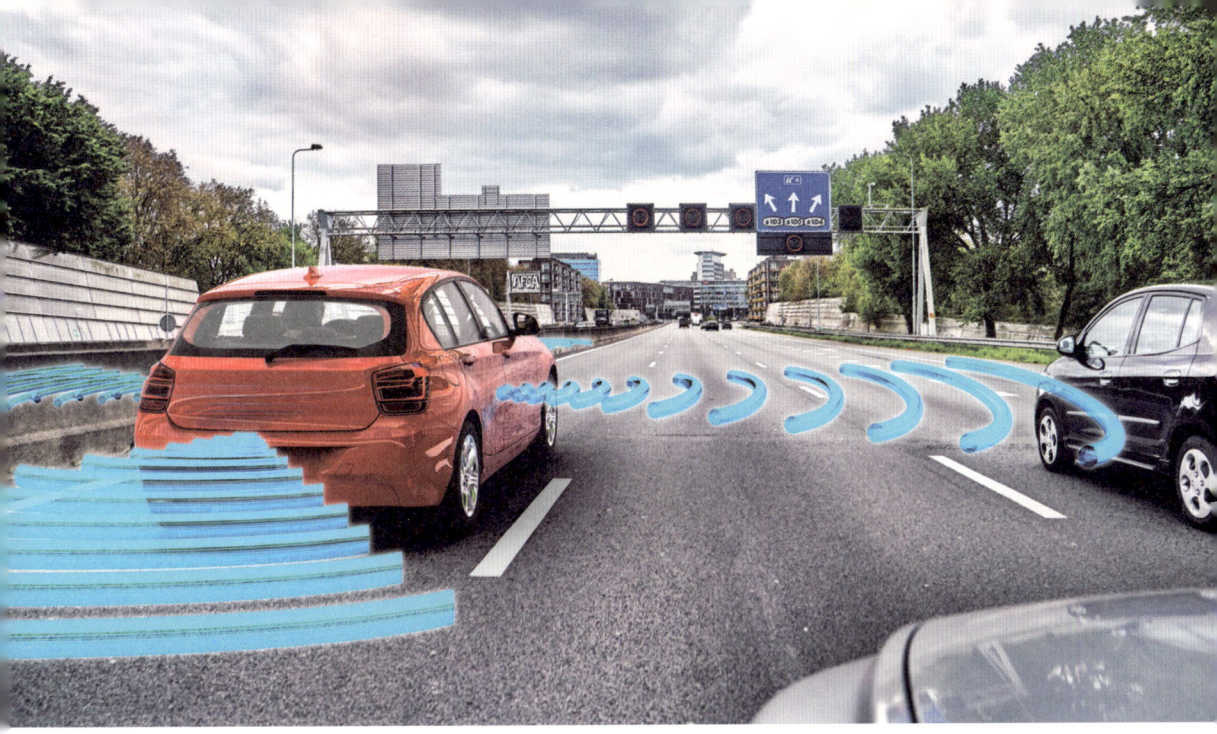

▲ 머지않아 자동차들끼리 정보를 주고받는 날이 올 것이다.

말하는 차

앞으로는 신호등이나 다른 차들과 소통하는 '커넥티드 카'가 도로를 누빌 것이다. 차들이 서로 정보를 주고받을 수 있다면 교통 흐름이 훨씬 매끄러워질 것이다. 사고가 난 곳도 피해 갈 수 있다. 도로 앞쪽에 빙판이 있거나 차가 멈춰 서 있다면, 그 사실을 먼저 알아차린 차가 가까운 차들에게 알려 줄 수 있다. 이 기술은 지금 한창 개발 중에 있다.

자가용보다 편한 대중교통

대중교통이 자가용보다 훨씬 빠르고 편리하면, 사람들은 저절로 차를 집에 두고 나올 것이다. 그래서 전문가들은 버스를 더 좋게 만드는 방법을 연구한다. 언젠가 우리는 자율 주행 버스를 타게 될 것이다. 이런 버스들은 서로 정보를 주고받고, 차가 막힐 때는 신호등에게 버스 우선 차로를 만들어 달라는 신호를 보낼 수도 있다. 또한 기다리는 승객이 많을 때는 버스를 좀 더 보내 달라고 요청할 수도 있다.

싱가포르에서는 이런 새로운 기술을 시험하고 있다. 자율 주행 버스와 수요 응답형 셔틀버스가 실제로 운행 중이다. 수요 응답형 셔틀버스는 승객을 찾아가는 셔틀버스로, 정류장에서 멀리 떨어진 곳에 사는 사람이 휴대전화로 부르면, 셔틀버스가 와서 버스나 지하철을 탈 수 있는 환승 센터로 데려다 준다.

전 세계 모든 도시에 이런 셔틀버스가 생기기 전까지는 갖가지 길 찾기, 경로 안내 애플리케이션을 이용할 수 있다. 이런 애플리케이션들은 실시간 정보를 바탕으로 목적지에 이르는 가장 알맞은 길을 사람들에게 알려 준다. 이미 많은 사람들이 이런 애플리케이션 도움을 받아서 대중교통을 이용해 빠르게 이동하고 있다.

무공해 전기 버스

세계 많은 도시에서 해로운 물질을 내뿜는 낡은 버스를 없애고, 친환경 하이브리드 버스나 수소 버스, 전기 버스를 새로 들이고 있다. 중국 선전은 모든 버스를 전기 차로 바꾼 몇 안 되는 도시 중 하나다. 영국 런던은 모든 이층 버스를 새로 마련한 엄격한 배기가스 배출 기준에 맞게 바꿨다. 29쪽에 소개한 '공해 차량 운행 제한' 제도가 시행되는 덕분에 이 제도가 시행되는 지역에서는 대표적인 대기 오염 물질인 질소 산화물이 84퍼센트나 줄어들 것으로 기대된다. 2037년이면 9,200여 대에 이르는 런던의 모든 버스가 무공해 버스로 바뀔 것이다.

하지만 이 분야에서는 중국이 단연 앞서 있다. 가장 최근 집계에 따르면, 전 세계에 전기 버스가 42만 5,000대가 있는데, 그중 약 99퍼센트인 42만 1,000대가 중국에서 운행되고 있다. 철도 차량도 환경에 해를 끼치지 않는 쪽으로 바뀌고 있다. 독일은 공중의 송전선을 통해 전기를 공급받는 하이브리드 전기 열차를 구입했다. 아마 2024년이면 사람들이 타고 다닐 수 있을 것이다.

이거 알아?

중국에서만큼 다른 나라에도 무공해 버스가 많아지려면 시간이 꽤 걸릴 것이다. 2019년 기준으로 봤을 때 유럽에는 전기 버스가 2,250대 있고, 미국에는 300대 정도 있다. 미국의 전기 버스 수는 다른 나라 경우에 비해 아주 적은 편이지만, 2018년과 비교하면 32퍼센트나 높아진 수치다.

바람처럼 빠르게 달리는 전기 차

세계에서 맨 처음 발명된 차량은 놀랍게도 전기 차다. 1900년부터 1912년까지 미국 도로를 달리던 차량 세 대 중 한 대는 배터리로 움직이는 전기 차였다. 물론 요즘 전기 차는 그때 것과는 완전 다르게 생겼고, 인기도 훨씬 많다. 심지어 초고속 충전소가 있어서 전기 차 운전자들은 핸드폰을 충전하는 것보다 더 빨리 쇼핑몰이나 회사에서 차를 충전할 수 있다.

전기 차 배터리는 아주 크고 무겁다. 680킬로그램 정도 되는데,

▲ 왼쪽 사진은 1896년의 전기 차, 오른쪽 사진은 전기 충전소에서 충전하고 있는 테슬라 전기 차. 세계에서 맨 처음 발명된 차량은 놀랍게도 전기 차다.

이것은 소 한 마리 무게와 맞먹는다! 테슬라는 미국에 있는 세계 최대의 전기 차 전문업체이다. 테슬라 전기 차를 뒤집어 밑을 보면 자동차라기보다는 스케이트보드 같다는 생각이 들 것이다. 전기 차에는 엔진이나 다른 부품이 많지 않기 때문이다.

전기 차는 다른 전기 제품처럼, 콘센트에 플러그만 꽂으면 충전된다. 전기 차는 배터리의 전기를 이용하여 움직이기 때문에 운전 중에 배출물이 전혀 없고 소음도 거의 없다. 내연 기관이 있고 휘발유로 움직이는 보통 자동차는 소음도 많고, 해로운 물질을 내뿜으며, 200가지 넘는 부품이 필요하다. 오염 물질을 덜 배출하는 자동차는

▲ 테슬라 전기 차는 그 모양을 스케이트보드에서 따 왔다. 보통 휘발유 차량보다 부품 수가 훨씬 적다.

다양하다. 하이브리드 자동차를 들어 본 적 있을 것이다. 이 자동차는 휘발유와 배터리 충전, 두 가지로 움직인다. 수소나 액화 천연가스로 움직이는 자동차도 있다. 이런 차들은 해로운 물질을 전혀 또는 거의 내뿜지 않는다.

자동차 회사들은 식물성 기름 같은 생물 연료로 움직이는 차도 만들고 있다. 미국, 캐나다, 중국, 일본을 비롯한 세계 50개 나라가 이미 옥수수를 차량용 연료로 쓰고 있거나 앞으로 쓸 예정이다. 옥수수를 원료로 한 바이오 에탄올을 차량용 휘발유에 섞어서 쓰는 방식이다.

지난 수십 년간 세계 여러 나라 정부는 환경에 덜 해로운 차량과 연료를 만드는 일에 힘써 왔다. 그러나 전문가들은 전기 차야말로 가장 깨끗하면서도 가장 많은 사람이 사용할 만한 차라고 말한다. 세계 여러 나라와 자동차 제조업체들은 앞으로 20년 안에 대부분 또는 모든 새 차를 전기 차로 만들 계획이다.

◐ 경주 차보다 훨씬 빠른 테슬라 모델 S. 너무 빠르게 달려서, 타고 있으면 속이 울렁거릴 정도다.

길 따라 차 따라

테슬라 전기 차 가운데 테슬라 모델 S는 그 어떤 자동차 경주용 스포츠카보다 훨씬 빠르다. 5인 가족이 탄 데다 짐까지 잔뜩 싣고 달릴 때도 말이다. 정지 상태에서 겨우 2초 만에 시속 100킬로미터로 달릴 수 있다.

앞서 말한 부가티 시론은 그 정도 속도에 이르는 데 2.5초가 걸리는데 값은 비싸고 두 사람밖에 못 탄다. 전기 차는 휘발유 차보다 훨씬 빨리 속도를 높일 수 있다. 전기로 전력을 곧바로 공급받기 때문에 바퀴가 금방 돌아간다. 나무나 금속에 구멍을 뚫는 공구인 전동 드릴을 떠올려 보면 쉽게 알 수 있다. 방아쇠를 당기면 드릴이 바로 돌아간다.

휘발유 차의 내연 기관은 전력을 공급하는 데 4단계를 거친다. 그러니 가장 빠른 경주 차도 일단 시동이 걸린 뒤에야 테슬라 전기 차를 앞지를 수 있다.

서울에서 부산까지 20분!

'하이퍼루프'라는 새로운 형태의 열차에 전 세계가 들썩이고 있다. 언젠가 이 열차는 단 몇 분 안에 승객을 다른 도시로 데려다줄 수 있을 것이다. 예를 들면, 서울에 사는 사람이 20분 만에 부산에 도착해 그곳 회사로 출근할 수 있다. 자동차로는 다섯 시간 넘게 걸리는 거리인데 말이다.

하이퍼루프 열차는 다른 지지대 없이 자기장의 인력과 반발만으로 열차를 선로 위로 띄우는 자기 부상 기술에 공기 저항을 없앤 진공 튜브를 결합한 것이다. 시속 1,078킬로미터로 이동하지만 에너지가 거의 들지 않는다. 하이퍼루프 열차를 만드는 데 엄청난 비용이 들기 때문에 만들어지려면 시간이 좀 걸릴 수 있다.

▼하이퍼루프 열차는 초고속이다. 진공 튜브에서 열차를 이동시키는데, 이동이라기보다는 쏘아 보내는 방식이라고 볼 수 있다.

3D프린터로 자율 주행 전기 버스를 만든 로컬모터스에 묻는다

로컬 모터스는 친환경 교통수단을 만드는 미국 회사. 세계 최초로 3D프린터를 사용해서 자동차와 자율 주행 전기 버스 '올리'를 만들었다. 좀 더 많은 것을 알아보기 위해 로컬 모터스에서 기술과 마케팅을 담당하는 조니 스코텔로와 이야기를 나눴다.

Q 올리는 어떤 차인가요?

A 올리는 3D프린터로 만든 무공해 전기 차입니다. 자율 주행차인데, 승객을 집에서 지하철역까지 데려다줄 수 있죠. 이웃집에 놀러간 아이를 데려오거나 학교로 데려다줄 수도 있어요. 한 번에 여덟 명까지 태울 수 있고 병원, 대학교, 운동장, 공원에서 사용하기에 알맞습니다.

Q 스쿨버스와 어떤 점이 다른가요?

A 올리는 오염 물질을 배출하지 않습니다. 또한 스스로 움직일 수도 있죠. 지금은 안전요원이 차에 함께 타서 관리하고 있지만, 결국 그 사람들도 필요 없게 될 날이 올 겁니다. 올리는 버스보다 훨씬 작아요. 앞으로는 승객이 부를 수 있을 겁니다. 다시 말해, 학생들이 스마트폰을 이용해서 올리를 정류장으로 부를 수 있다는 얘기죠. 학생들은 버스를 기다리는 시간이 줄어들 겁니다. 정류장에 태울 승객이 없으면 올리는 스스로 알아서 그냥 지나갑니다.

Q 로컬 모터스는 환경에 해롭지 않은 방식으로 차량을 만든다고 들었는데요. 자세히 설명해 주겠어요?

A 우리는 아주 작은 공장에서 올리를 만듭니다. 공장 규모가 작다 보니 에너지도 훨씬 적게 들죠. 주문을 받아 필요한 수만큼만 차량을 만듭니다. 우리가 사용하는 3D프린터는 재활용 재료를 사용하고, 필요한 부품만 프린트하기 때문에 쓰레기도 거의 없습니다. 또한 올리가 수명을 다하면 잘게 부수어 다른 올리를 만드는 데 사용할 수 있습니다. 이 말은 쓰레기 매립지로 가는 차량이 적다는 뜻이죠.

Q 앞으로 운전 방식이 어떻게 바뀔까요?

A 자기 차를 꼭 가지려고 하는 사람은 늘 있을 겁니다. 하지만 앞으로는 여럿이 차량을 함께 쓸 거예요. 이렇게 차량을 공유하는 것은 지구에도 좋고 우리 모두에게도 이롭습니다. 요즘 자율 주행차를 만드는 회사들이 많아졌어요. 자율 주행 기술은 우리가 사는 방식과 도시의 모습까지 바꿀 수 있습니다. 사람들이 어딘가로 가야 할 때 자율 주행 공유 차를 이용하게 될 겁니다. 그러면 주차장을 찾느라 시간을 낭비할 일도 줄어들겠죠. 주차장, 차고, 집 앞 진입로도 모두를 위한 공원이나 숲이 될 수 있을 겁니다.

Q 아이들이 할 수 있는 일은 뭘까요?

A 차량에서 내뿜는 오염 물질이 지구에 해롭다는 걸 깨닫는 데서 변화가 시작될 거예요. 버스나 자전거를 타는 것, 걸어 다니는 것이야말로 오염 물질과 쓰레기를 줄이는 가장 좋은 방법이란 걸 알아야 합니다.
변화를 만드는 또 다른 방법은 학교에서 열심히 공부하는 것입니다. 그러면 언젠가 올리 같은 기술을 실제로 만드는 데 한몫하게 될 테니까요. 우리는 새로운 기술을 연구하고 개발할 과학자와 기술자가 필요합니다. 그 기술을 설계하고 만들어 파는 방법을 알아낼 사업가도 필요하죠. 또 회사들이 환경에 해롭지 않은 차량을 만들도록 이끄는 법과 정책을 만들 입법가도 필요합니다. 여러분이 관심을 가진 분야를 열심히 배워 나가면 세상을 더 나은 곳으로 만드는 사람이 될 수 있어요.

▲ 자율 주행 전기 버스 '올리'는 3D프린터와 재활용 재료로 만들어졌다.

🔴 2020년 코로나19로 사람들이 집에만 머물게 되면서 차들이 사라진 이탈리아 밀라노 풍경.

차가 사라졌다

2020년 3월 코로나19가 세계 곳곳으로 퍼지면서 수많은 차량이 멈춰 섰다. 전 세계 사람들은 정부로부터 집에만 있으라는 명령을 받았다. 학교, 사무실, 상점, 심지어 공원까지 문을 닫았고, 사람들은 식료품이나 의약품을 사거나 많이 아파서 응급 상황인 경우를 빼고는 집에만 머물러 있어야 했다.

교통량은 크게 줄었다. 영국 런던은 이 정책이 시작된 지 첫 5주 만에 교통량이 60퍼센트나 줄어들었고, 덩달아 대기 오염도 줄었다. 관광객이 넘쳐나던 이탈리아 베네치아의 물길에도 보트나 수중 택시는커녕 사람 구경도 할 수 없었다. 그러다 보니 최근에는 물속을 헤엄치는 물고기가 보일 정도로 물이 맑아졌다. 공기가 깨끗해지면서 인도에서도 수십 년 만에 처음으로 히말라야산맥을 볼 수 있었다.

길 따라 차 따라

네덜란드 지도업체 '톰톰'은 전 세계 교통이 변화하는 모습을 조사한다. 2020년, 톰톰은 세계 곳곳의 교통량이 전보다 엄청나게 줄어들었다는 사실을 확인했다. 이 회사가 알아낸 또 다른 사실이 무엇인지 살펴보자.

- 전 세계 387개 도시에서 교통량이 줄었다.
- 몇몇 도시에서는 2019년과 비교했을 때 차가 붐비는 정도가 절반 수준으로 뚝 떨어진 날 수가 30일이나 되었다.
- 그 가운데 미국 미니애폴리스는 교통량이 가장 많이 줄어든 도시로, 2019년보다 차가 붐비는 정도가 절반으로 줄어든 날이 무려 219일이다.
- 프랑스 파리에서는 정부로부터 집에 머물라는 명령이 내려지기 전날인 2020년 10월 29일, 수많은 사람이 한꺼번에 차를 몰고 파리를 빠져나가려고 했다. 그 바람에 도로가 꽉 막히면서 꼬리에 꼬리를 물고 늘어선 차량 줄이 엄청나게 길어졌다.

걷거나 자전거 타는 사람이 먼저!

유럽에서 가장 지저분하고 혼잡한 이탈리아의 밀라노는 코로나19로 생긴 '단 한 번뿐'인 기회를 잘 활용하고 있다. 정부로부터 집에 머물라는 명령을 받았을 때, 대기 오염과 더불어 교통 혼잡도 30~75퍼센트나 줄어들었다. 사람들은 이대로 영원히 도로가 막히지 않기를 바랐다. 그러면 어떻게 해야 할까? 코로나19 전에는 밀라노 인구의 55퍼센트가 대중교통으로 출퇴근을 했다. 하지만 요즘 건강을 염려하는 사람이라면 누구나 자기 차가 더 안전하다고 생각할지도 모른다.

그런 일을 막기 위해 밀라노는 한발 앞서 나갔다. 자전거 이용자와 보행자를 위한 공간을 넓히고, 도로의 제한 속도를 낮추고, 걷거나 자전거를 타는 사람에게 통행 우선권을 주었다. 사람들은 코로나19가 사람들의 습관을 바꾸고, 교통 혼잡과 대기 오염을 억제해 주기를 기대하고 있다. 이것이 유럽에서 가장 야심 찬 계획 중 하나이며, 다른 도시에서도 밀라노를 본보기로 삼고 있다.

집에서 일하는 사람이 많을수록 공기는 깨끗해진다

앞서 소개한 나이키 본사의 경영진을 떠올려 보자. 직원들이 나 홀로 자가용 대신에 대중교통으로 출근하기를 권장했던 바로 그 사람들 말이다. 나이키 경영진은 코로나19가 유행하는 동안, 직원 대부분에게 집에서 일하도록 지시했다. 그런데 회사가 아무 문제 없이 잘 굴러갔다. 나이키뿐만이 아니다. 실제로 많은 회사가 코로나19 덕분에 직원들이 사무실 아닌 집에서도 일을 잘할 수 있다는 사실을 확인했다. 만약 코로나19가 사그라진 뒤에도 사람들이 집에서 일하거나 이틀에 한 번씩 출근한다면, 차량도 줄고 대기 오염도 줄어들 것이다. 심지어 러시아워도 사라질 것이다. 그러나 사람들이 다시 출퇴근하고, 자기 차를 몰고 싶어 한다면, 교통량은 늘어날 수밖에 없다.

4장
어린이, 교통 문제 해결에 앞장서다

어린이는 운전을 할 수 없다. 면허증을 따려면 몇 년은 더 지나야 한다. 하지만 세계 곳곳에서 수많은 어린이가 차를 타지 않고도 이동할 수 있는 방법을 찾아 실천하고 있다. 어른들이 잘못된 습관을 고치고, 생각을 바꿔 다른 교통수단을 이용하는 데 영향을 주는 아이들도 만나 보자!

공회전 차에는 가짜 주차 위반 딱지를!

학교 근처에 가면, 자동차 시동을 켜 놓고 그냥 서 있는 '공회전' 차량을 흔히 볼 수 있다. 그런 차량이 있으면 주위는 차에서 뿜어 내는 해로운 물질로 공기가 나빠진다. 대다수 학교에서는 공회전을 금지한다. 하지만 자동차나 버스 운전자들은 이 규칙을 종종 무시한다. 그래서 아이들이 행동에 나섰다.

▲ 아이들이 공회전하는 차에 붙인 가짜 주차 위반 딱지. 차가 멈춰 있을 땐 시동을 꺼야 한다는 사실을 사람들에게 일깨워 주는 아주 좋은 방법이다.

영국 그레이터맨체스터주에 있는 어느 초등학교에 천식 환자가 늘어났다. 천식은 폐로 연결되는 통로인 기관지에 생기는 병으로, 숨이 가쁘고 기침이 난다. 학생들은 공회전 차에서 내뿜는 오염 물질이 원인이라는 사실을 알고 공회전하는 차에 가짜 주차 위반 딱지를 붙였다. 스쿨 존에서는 시동을 꺼야 한다는 사실을 일깨워 주기 위해서였다.

▲ 공기 질을 측정하는 특별한 배낭을 메고 등교하는 영국 런던의 학생들. 이들은 더 나은 등교 방법을 연구하는 과학자들을 도와주었다.

이밖에도 아이들이 공회전이 얼마나 위험한지를 사람들에게 알린 방법은 많다. 아이들은 학교 아침 방송에서 공회전 금지에 대해 이야기를 나누고, 관련 포스터를 벽에 붙이고, 학교 밖에 공회전 금지 구역을 만들었다.

연구 보조원이 되자

2019년 봄, 영국 런던의 공기 질을 추적 관찰하는 연구에 250명이 넘는 학생이 참여했다. 5개 초등학교 학생들이 최신 기술로 만든 대기질 수집 센서가 달린 배낭을 메고 등굣길을 오갔고, 교실에도 배낭을 놔두었다. 조사 결과, 교실보다 등굣길의 공기 오염도가 다섯 배나 더 높았다. 또한 차들이 오가는 큰길로 등교한 아이들은 아주 심하게 오염된 공기를 마신 반면, 골목길로 등교한 아이들은 덜 오염된 공기를 들이마신 것으로 나타났다.

학생들이 직접 연구에 참여한 덕분에, 학교 주위 공기를 더욱 깨끗하게 만들기 위한 활동이 시작되었다. 다섯 학교 중 한 곳의 학생들은 차가 붐비는 도로에서 생기는 오염 물질을 막기 위해 학교 주위에 나무를 심었다. 또 공기 오염이 심한 큰길 대신 골목길을 걸어 등교했다. 학교는 차들이 정문 가까이에 오지 못하게 막았고, 보호자가 차로 아이들을 학교에 내려 주거나 집으로 데려갈 때는 시동을 끄도록 하는 새 규칙을 만들었다.

배낭 연구는 학생들에게 무척 흥미로운 경험이었다. 연구가 끝난 지 한참 지난 지금까지도 학생들은 연구 결과에 대해 이야기 나누며, 뭔가 다른 일을 할 수 있지 않을까 고민하고 있다.

등굣길을 안전하게 만들자

미국과 캐나다에서는 학생들이 스스로 안전하게 등하교하도록 돕는 일에 참여한다. 캐나다 자동차 협회와 미국 자동차 협회 같은 기관들은 정지 표지판과 밝은 주홍색 조끼를 제공하고, 저학년 학생들이 안전하게 길을 건너도록 도와주는 '고학년 대상 훈련 프로그램'도 진행한다.

아이들이 안전하게 걸어서 등교할 수만 있다면, 부모들은 굳이 아이들을 차로 데려다줄 필요가 없다. 그러므로 학생들이 안전한 등하교를 돕는 일에 앞장서는 것은 매우 중요하고 가치 있는 일

▲ 학생들이 안전하게 등하교를 할 수 있도록 돕는 캐나다 교통 안전 순찰대.

이다. 다양한 프로그램을 통해 아이들은 부주의한 운전자들을 경계하고, 어떤 상황에서든 운전자와 눈을 마주치고, 길을 건너기 전과 건너는 동안에도 좌우를 살피는 법을 배운다.

보행자 길을 넓히자

캐나다의 조시 풀란은 마을 길을 안전하게 만드는 일을 했다. 조시는 마을 문제를 놓고 논의를 할 때 아이들이 빠져 있다는 사실을 깨달았고, 그 상황을 바꾸기로 마음먹었다. 그는 '맥시멈 시티'라는 회사를 세웠다. 그리고 캐나다 토론토에서 학교를 다니는 13살, 14살 학생들과 연구를 시작했다.

학생들은 3년 동안 학교 주위에 차량으로 붐비는 지역을 조사했

이거 알아?

보행자 도로는 고대부터 있었다. 지금까지 확인된 가장 오래된 보행자 도로는 튀르키예에서 기원전 2,000년 전에 사용되었을 것으로 보인다.
이처럼 오래전부터 보행자 도로는 세계 여러 나라에서 저마다 다른 모습으로 있었다. 요즘에는 사람들이 다니기 편한 보행자 도로가 늘어났다. 도로가 잘 갖추어져 있으면 사람들이 자주 걷게 된다.

다. 그 결과, 그런 지역은 걸어 다니거나 버스를 타거나, 쇼핑을 하는 것조차 안전하지 않은 것으로 나타났다. 운전자들에게만 좋을 뿐이었다. 학생들은 지역 사회에 이 문제를 알리고, 함께 행동에 나섰다. 시 공무원과 시 의원들에게 도움을 요청하고, 차로 붐비는 지역의 차량 운행 제한 속도를 낮추는 데 힘을 쏟았다. 또한 위험한 교차로에 정지 표지판을 더 설치했다.

캐나다 토론토에 있는 다른 학교들과 독일 프랑크푸르트에 있는 학교들도 지역 사회를 발전시키기 위해 맥시멈 시티와 손을 잡았다. '어떻게 해야 보

▼ '맥시멈 시티'는 학생들을 위한 걷기 여행 교육과 안내 책자 개발을 위해 여러 학교와 함께 일한다. 사진은 맥시멈 시티와 함께한, 보행자를 위한 지역 사회 개선 프로그램에 참여한 아이들 모습.

행자에게 더 안전한 도로를 만들 수 있을까?' 하는 고민 끝에 사람들은 차로 폭을 더 좁히고 과속 방지턱과 표지판, 나무들, 자전거 전용 도로를 설치했다. 그리고 보행자 도로와 골목길을 더 넓히고 복잡한 교차로의 건널목을 더 짧게 만들었다. 그렇게 해서 운전자가 차를 천천히 몰게 이끌었다.

여러분이 사는 동네는 어떤가? 등굣길이 편하고 안전한가? 자전거 탈 때도 별다른 불편함이 없는가? 만약 그렇지 않다면, 더 나은 길이 되도록 만드는 방법을 다른 사람들과 함께 연구하고 찾아보자.

걸어서 등교하자

세계 곳곳의 아이들이 걸어서 등교하는 방법을 찾고 있다. 교통량과 대기 오염도 줄이면서 운동도 할 수 있기 때문이다. 친구끼리 또는 어른과 함께 걸어서 등교하도록 하는 '워킹 스쿨 버스(Walking School Bus)' 프로그램을 진행하는 학교도 많다.

해마다 10월이면 '걸어서 등교하는 달' 행사를 여는 학교도 있다. 오스트레일리아 빅토리아주

▲ 걸어서 등교하면 친구들과 만나 함께 갈 수 있어서 좋다.

길 따라 차 따라

미국 앨라배마주 페어호프에 사는 애나벨 베스탈은 겨우 다섯 살 때, 현장학습에서 시장을 만나 자기 동네와 페어호프 시내를 잇는 보행자 도로를 만들 수 있는지 물었다. 친구들과 자전거를 타거나 걸어서 안전하게 학교나 공원에 가고 싶었기 때문이다.

몇 년에 걸쳐 시장에게 쿠키를 보내고, 편지를 쓰고, 탄원서에 주민들의 서명을 받고, 교통 흐름을 관찰하고, 자신의 의견을 공무원들에게 전달했다.

결국 시 의회는 동의했다. 애나벨이 여덟 살 때 보행자 도로 공사가 시작됐다. 애나벨은 도로 공사를 하는 사람들과 정치인들에게 감사의 마음을 전하기 위해 도넛과 쿠키를 공사 현장으로 가져갔다. 이제 애나벨은 친구들과 날마다 워킹 스쿨버스 프로그램에 참여하여 걸어서 등교한다.

● 자신이 제안해서 만들어진 보행자 도로를 걷고 있는 애나벨 베스탈. 지금은 많은 사람들이 이 길을 즐겨 다닌다.

▲ 미국 마틴초등학교 학생 매디 포피에락은 엄마와 함께 '루비 브리지스의 걸어서 등교한 날' 행사를 치르기 위해 노력을 아끼지 않았다.

에서는 2019년 10월에 초등학생 18만 6,602명이 걷기나 자전거를 타고, 노는 킥보드를 타고 등교했다. 이 행사를 시작한 이래로 가장 많은 학생이 참여했는데, 2018년보다 25퍼센트 더 많아진 수치다.

걸어서 등교하기는 겨울에도 할 수 있다. 캐나다 에이잭스의 다빈치 공립학교 학생회는 2월에 '겨울철 걷기의 날'을 계획했다. 학생회는 걸어서 등교하는 학생들에게 핫초코와 함께 계속 걷도록 용기를 불어넣는 편지도 나눠 주었다!

특별한 행사를 열자

미국 캘리포니아주 사우스 샌프란시스코에 있는 마틴초등학교 5학년 학생들은 루비 브리지스의 용기에 감동했다. 루비 브리지스는

▲ 백인뿐인 학교에 등교하러 나선 루비 브리지스. 루비는 1960년대에 미국 학교에서 인종 차별을 없애는 데 큰 역할을 했다.

1960년대에 백인만 다니는 학교에 입학한 첫 흑인 학생이었다. 루비가 걸어서 등교할 때마다 모든 주민이 함께 걸었다. 그리고 흑인 학생과 백인 학생이 같은 학교에 다니는 것을 반대하는 사람들의 모욕과 폭력에 꺾이지 않은 루비에게 아낌없는 지지를 보냈다.

마틴초등학교 5학년 학생들은 루비가 학교에 간 첫날인 11월 4일을 '루비 브리지스가 걸어서 등교한 날'로 정하고, 해마다 행사를 연다. 2018년에 열린 첫 번째 걷기 행사에는 학생 수백 명이 참여했다. 어느덧 이 행사는 미국 전역의 학교로 퍼져 나갔다. 선생님과 함께 처음 행사를 연 학생들은 나중에 루비를 직접 만나기도 했다. 이 행사는 아이들이 변화를 위해 힘을 모을 때 얼마나 큰 영향을 미치는지 보여 준다.

자전거를 타고 등교하자

'바이시클 트레인(Bicycle Train)'은 '워킹 스쿨버스'와 비슷한 것으로, 아이들이 자전거를 타고 또래 친구 또는 어른과 함께 등교하는 프로그램이다. 언젠가 미국 미니애폴리스의 한 학교 여학생들이 날씨에 상관없이 1년 동안 매일 자전거를 타고 등교하기로 해서 화제가 된 적이 있었다. 그 학생들은 눈이 엄청나게 쏟아지는 날에도 김 서린 안경으로 용감히 맞섰고, 그 모습은 다른 학생들 마음에 깊은 울림을 주었다.

오래지 않아 점점 더 많은 아이들이 자전거를 타고 등교하기 시작했다. 처음 자전거를 타는 아이들에게 지역 사회가 나서서 자전거 강습과 체험 학습을 해 주었다. 부모들은 자전거를 수리하고 타이어를 바꿔 주었다. 물론 아이들의 마음을 가장 많이 사로잡은 건 금요일마다 주는 와플과 핫초코였지만 말이다.

캐나다에서 열리는 '자전거 주간' 행사는 마을 사람들이 자전거로 이곳저곳을 가 볼 수 있는 또 다른 방법이다. 이 행사는 주로 5월에 열리는데, 6월 3일 '세계 자전거의 날'까지 계속된다. 걷기와 자전거 타기는 건강에도 좋고 교통량도 줄이는 가장 좋은 방법이다.

▲ 자전거를 타고 등교하는 아이들. 이렇게 하면 환경도 덜 오염되고, 건강에도 이롭다.

대중교통이나 카풀을 이용하자

때로는 걷거나 자전거를 타고 등교할 수 없는 날도 있다. 그렇다면 대중교통이나 카풀을 이용하면 어떨까? 버스나 지하철을 여럿이 타면, 혼자 자가용을 타는 것보다 에너지 사용도 줄이고 환경도 덜 오염시킨다. 대중교통을 이용하는 사람은 운전하는 사람보다 하루에 30퍼센트 더 걷는다. 게다가 수많은 도시에서 아이들에게 버스 비를 받지 않거나, 버스 비가 있더라도 값이 싸다.

스쿨버스를 이용해도 교통량이 줄어든다. 스쿨버스 한 대면, 자동차 약 36대를 도로에서 사라지게 할 수 있다. 스쿨버스가 없었다면, 미국에서는 매일 170만 대 이상의 차량이 도로에 나왔을 것이다.

여러 학교에서 교통량을 더 줄이려고 애쓰고 있다. 캐나다 토론토 교육청은 초등학교의 등하교 시간을 서로 달리 하면, 버스를 55대나 더 줄일 수 있다는 사실을 알아냈다. 그렇게 되면 해마다 이산화탄소 3,000톤이 대기 중으로 뿜어져 나오는 것을 막을 수 있다. 이 방법은 간단하면서도 강력한 해결책이다.

▲ 지하철이나 버스 같은 대중교통으로 등교하면 교통량과 대기 오염을 줄일 수 있다.

 ## 글을 마치며

어린 동생이 차에서 잠들었을 때 부모님이 동생을 깨우지 않으려고 차에 시동을 켠 채 그대로 세워 두는가? 라디오를 들으려고, 또는 차 안을 시원하거나 따뜻하게 유지하려고 차가 멈춰 있는데도 시동을 켜 놓는가? 그렇다면 환경을 위해 그만 시동을 꺼 달라고 부모님에게 이야기하자.

추운 겨울이면 수많은 운전자가 출발 전에 한동안 시동을 켜 두어 차 안을 따뜻하게 데운다. 조사에 따르면, 캐나다 운전자들이 겨울철 하루 동안 이렇게 공회전하는 시간이 7,500만 분이나 된다고 한다. 차 한 대로 치면 무려 144년 동안 공회전을 하는 셈이다. 그러니까 앞으로는 부모님에게 꼭 알려 주자. 추운 날, 차 안이 따뜻해지는 가장 좋은 방법은 미리 시동을 켜 놓는 게 아니라 어서 출발하는 거라고. 그러면 기름도 아낄 수 있고 대기 오염도 줄일 수 있다고 말이다.

무더운 여름에도 마찬가지다. 미리 시동 켜지 않아도 가다 보면 금세 차 안이 시원해질 거라고 부모님이나 다른 운전자에게 이야기하자. 이 책을 읽으며 여러분이 알게 된 지식을 주위 사람들에게 이야기

▲ 부모님의 운전 습관을 살펴보고 이야기 나누어 보자. 부모님에게도 잘못된 운전 습관이 있을지 모른다!

하면, 사람들은 여러분의 똑똑함 때문에 깜짝 놀랄 것이다. 그리고 차량 이용 방법을 바꿈으로써 환경을 되살리는 일에 함께할지도 모른다.

이미 수많은 어른들이 자가용을 타고 다니는 게 습관이 되어 버렸다. 하지만 여러분 같은 어린이는 다르다. 자가용을 타는 대신에 걷거나 자전거를 타거나 카풀이나 대중교통을 이용함으로써 큰 변화를 일으킬 수 있다. 여러분의 행동을 보고, 어른들이 자신의 습관을 돌아보게 될 수도 있다.

이 책을 쓰면서 내 삶도 많이 바뀌었다. 이제 나와 내 가족은 차를 집에 두고 나가는 일이 전보다 많아졌다. 웬만한 거리는 걸어 다니고, 조금 먼 곳에는 자전거를 타고 간다. 아이들은 롤러블레이드를 타기도 한다. 걷거나 자전거 또는 롤러블레이드를 타는 것은 모두 몸을 움직여서 이동하는 것이다. 덕분에 우리 가족은 더욱 건강해지고, 동네와도 더 끈끈하게 연결되는 것 같다. 그리고 교통량을 줄이는 데 힘을 보탰고, 차에서 나오는 오염 물질도 조금이나마 줄였다는 사실에 뿌듯하기도 하다.

물론 나와 내 가족이 생활 습관을 바꿨다고 해서 하루아침에 차량 정체가 사라지지는 않는다. 많이 걷고 자전거를 타는 것만으로 순식간에 공기를 깨끗하게 만들 수도 없다. 하지만 우리 모두가 차를 조금 덜 타고, 잘못된 습관을 바꾸고, 전과는 다른 새로운 눈으로 이동 수단을 생각하고 선택한다면, 세상은 분명 나아질 것이다.

▲ 길에서 킥보드를 타려면 보호 장비를 갖추고 연습을 제대로 해야 한다. 일단 익숙해지면 킥보드만큼 돌아다니기에 좋은 것도 없다.

더불어 사는 지구 81

자율 주행차가 교통 문제를 해결한다면? – 작은 발걸음 큰 변화 ⑳

처음 인쇄한 날 2022년 9월 22일 | 처음 펴낸 날 2022년 10월 5일
글 에린 실버 | 옮김 현혜진 | 펴낸이 이은수 | 편집 오지명, 김연희, 박진희 | 북디자인 원상희 | 마케팅 정원식
펴낸곳 초록개구리 | 출판등록 2004년 11월 22일(제300-2004-217호)
주소 서울시 종로구 비봉2길 32, 3동 101호
전화 02-6385-9930 | 팩스 0303-3443-9930
인스타그램 instagram.com/greenfrog_pub

ISBN 979-11-5782-224-9 74840 | 978-89-956126-1-3(세트)

사진 저작권 목록

P2-3 Asia-Pacific Images Studio/Getty Images P6 Brady Baker/Getty Images P7 Jose A. Bernat Bacete/Getty Images
P8 Ink Drop/Shutterstock.com P9 (좌) City Of Toronto Archives, Fonds 1244, Item 1008 (우) Luoman/Getty Images P10 Wasim Islam
P11 (상) Holger Leue/Getty Images (하) Aarontsui/Shutterstock.com P12 From The Collections Of The Henry Ford
P13 Data Adapted From Roads And Highways, The Canadian Encyclopedia, C.W. Gilchrist, Feb 7 2006
P14 City Of Toronto Archives, Fonds 1244, Item 1008 P15 Kate_Sept2004/Getty Images P17 Bernie Dechant/Getty Images
P18 Luoman/Getty Images P19 Hung_Chung_Chih/Getty Images P20 Dinodia Photo/Getty Images
P21 Data Adapted From Natural Resources Canada, Transportation Sector, Table 8: Ghg Emissions By Transportation Mode
P23 (좌) Daniel Berehulak/Getty Images (우) Papier K/Wikimedia Commons/CC BY-SA 3.0 P24 Richard Johnson/Getty Images
P25 Courtesy Of Samuel Kelly, City Of Scottsdale, AZ P27 Nate Hovee/Getty Images P29 Ollo/Getty Images
P30 Daniel Berehulak/Getty Images P31 (상) Bennaul12 at English Wikipedia/Wikimedia Commons/Public Domain (하) David Tonelson/Dreamstime.com P32 Jgi/Jamie Grill/Getty Images P33 VDB Photos/Shutterstock.com P34 Klaus Vedfelt/Getty Images
P35 Papier K/Wikimedia Commons/CC BY-SA 3.0 P36 Portland Edible Gardens P37 (상) Andre Benz/Unsplash.com (하) @ Didier Marti/Getty Images P38 Shihan Shan/Getty Images P39 3000AD/Shutterstock.com P40 Mahlum/Wikimedia Commons/Public Domain P41 (좌) Andrey_l/Shutterstock.com (우) Abu Hasim. A/Shutterstock.com P43 Metamorworks/Shutterstock.com
P44 Ryosha/Getty Images P45 Posteriori/Shutterstock.com P48 (좌) Hulton Archive/Getty Images (우) Sean Gallup/Getty Images (하) Petovarga/Shutterstock.com P49 Abu Hasim. A/Shutterstock.com P50 Andrey_l/Shutterstock.com P51 (좌) Mikedotta/Shutterstock.com (우) Westend61/Getty Images P52 Eugenio Marongiu/Getty Images P55 (좌) Cavan Images/Getty Images (우) Wavebreakmedia/Getty Images P56 Ands456/Getty Images P57 James Jiao/Shutterstock.com P59 Fatcamera/Getty Images P60 Josh Fullan
P61 Cavan Images/Getty Images P62 (상) Courtesy Of Jennifer Sametini Vestal (하) Courtesy Of Peter Feng
P63 Uncredited Doj Photographer/Wikimedia Commons/Public Domain P64 Wavebreakmedia/Getty Images
P65 Blend Images-Granger Wootz/Getty Images P66 Jgi/Tom Grill/Getty Images P67 Cavan Images/Getty Images